*Egipto secreto. Las claves ocultas de
una civilización atemporal*

La Colección Tabla Esmeralda es mucho más que una serie de libros: es una invitación a descubrir tu poder interior y a explorar los secretos más ocultos del universo. A través de una selección exquisita de obras emblemáticas en los campos del esoterismo, la autoayuda y el pensamiento espiritual, esta colección está pensada para aquellos que buscan expandir su conciencia y comprender los misterios que han fascinado a la humanidad desde tiempos ancestrales.

Cada libro te guiará en un viaje profundo hacia el conocimiento místico y el desarrollo personal, ayudándote a desentrañar los enigmas que rodean la existencia humana y a conectar con el poder transformador de la mente y el alma. Si sientes el llamado de lo desconocido, si anhelas descubrir verdades ocultas y elevar tu ser a nuevas dimensiones, la Colección Tabla Esmeralda es el compañero perfecto en tu búsqueda espiritual.

R.S. LEWIS

EGIPTO
SECRETO

LAS CLAVES OCULTAS DE UNA
CIVILIZACIÓN ATEMPORAL

ALCARAZ
EDICIONES

© Alcaraz Ediciones, 2024
© R.S. Lewis, 2024

Mare Nostrum, 44
46420 – El Perelló
Sueca, Valencia
Teléf.: (+34) 910 46 54 33
e-mail: info@alcarazediciones.es
https://alcarazediciones.es

I.S.B.N.: 979-13-87586-02-7
Depósito Legal: V-4688-2024

Diseño y maquetación: Iván García Molinero
Printed in Spain / Impreso en España

ÍNDICE

PRÓLOGO

Introducción a los misterios de Egipto

La civilización egipcia ha fascinado al mundo desde la Antigüedad. Sus monumentos majestuosos, su escritura enigmática y su intrincada cosmovisión continúan suscitando interrogantes incluso entre los académicos más versados. ¿Qué nos ocultan las pirámides, más allá de su función funeraria? ¿Qué significados se esconden tras los jeroglíficos, más allá de su naturaleza lingüística? A pesar de los avances en la egiptología, el Antiguo Egipto sigue siendo un enigma, y no pocos investigadores creen que los conocimientos de esta civilización se extienden mucho más allá de lo que la arqueología tradicional nos ha mostrado.

Egipto, para muchos, es el símbolo de lo eterno y lo oculto, de una sabiduría ancestral que aún no hemos descifrado por completo. Desde la perspectiva moderna, puede parecer que hemos descifrado muchos de los secretos egipcios: sabemos leer los jeroglíficos, conocemos los nombres de decenas de faraones y hemos estudiado las técnicas de construcción de sus grandes monumentos. Sin embargo, hay un consenso creciente entre ciertos investigadores que sostienen que los egipcios poseían un conocimiento profundo de las energías cósmicas, la astronomía y la naturaleza espiritual de la existencia, algo que se refleja en todos los aspectos de su vida y cultura.

La escritora y egiptóloga Christiane Desroches Noblecourt, en su obra *El enigma de los faraones*, plantea que "el Egipto antiguo se alzaba no solo como una civilización, sino como un puente entre el mundo material y el espiritual. Todo, desde la construcción de las pirámides hasta la selección de los colores en las tumbas, estaba destinado a reflejar una realidad superior, invisible para los ojos del común de los mortales" (Noblecourt, 1994, p. 89). Esta observación nos recuerda que el Antiguo Egipto no es solo un tesoro arqueológico, sino también un enigma metafísico que nos invita a mirar más allá de lo evidente.

A medida que exploramos los misterios de Egipto en este libro, descubriremos que muchos de los secretos ocultos de esta civilización no están enterrados bajo la arena del desierto, sino que se encuentran en los símbolos, en la disposición de sus templos y en los mitos que han perdurado hasta nuestros días.

La civilización egipcia: más allá de lo conocido

A lo largo de su historia, que abarca más de tres milenios, la civilización egipcia ha dejado un legado arquitectónico y artístico sin precedentes. Sin embargo, su verdadera naturaleza trasciende los logros materiales. Egipto fue un centro de conocimiento, espiritualidad y misticismo, donde la religión y la ciencia no estaban separadas, sino que formaban un todo inseparable. La visión del mundo egipcio se articulaba a través de un complejo sistema simbólico que abarcaba la vida, la muerte y el cosmos.

El arqueólogo y egiptólogo Zahi Hawass ha señalado que "la civilización egipcia es única en su capacidad para integrar lo visible y lo invisible en su cultura. Cada aspecto de la vida egipcia estaba profundamente arraigado en su cosmovisión espiritual, que dictaba no solo sus creencias religiosas, sino también sus avances en matemáticas, astronomía y arquitectura" (Hawass, 2005, p. 112). Esta afirmación subraya la simbiosis entre el saber científico y el pensamiento místico que caracterizó a Egipto durante siglos.

Las pirámides, por ejemplo, no solo son monumentos funerarios; algunos estudios han argumentado que su disposición y diseño reflejan una profunda comprensión de las estrellas y su influencia en la tierra. La teoría del "correlato de Orión", propuesta por Robert Bauval en *The Orion Mystery*, sugiere que las pirámides de Giza fueron construidas como un reflejo de la constelación de Orión, específicamente de las estrellas que componen el cinturón de Orión. Según Bauval, "la relación entre las pirámides y las estrellas no es casual, sino parte de un diseño consciente para conectar lo celestial con lo terrestre" (Bauval, 1994, p. 43). Esta teoría sugiere que los egipcios no veían el cielo solo como un fenómeno natural, sino como un reflejo de las fuerzas divinas que regían el universo.

Además de su conexión con la astronomía, los egipcios desarrollaron una compleja cosmología en la que los dioses jugaban un papel fundamental en la creación y el mantenimiento del orden cósmico, o *ma›at*. Cada templo, estatua y monumento construido tenía como propósito preservar este orden sagrado. Erik Hornung, en su obra *La religión del Antiguo Egipto*, explica que "los templos egipcios no eran simples lugares de culto; eran recreaciones en miniatura del universo, diseñadas para mantener el equilibrio cósmico a través de los rituales y ofrendas" (Hornung, 2001, p. 72). Este enfoque holístico de la vida y la espiritualidad refleja una cultura obsesionada no solo con el presente, sino con la eternidad y el más allá.

Los textos religiosos, como el *Libro de los Muertos* y los *Textos de las Pirámides*, ofrecen claves importantes para comprender la visión egipcia del alma y su tránsito hacia el más allá. La creencia en una vida después de la muerte no era solo una esperanza, sino una certeza para los egipcios, y todo su sistema de ritos funerarios fue diseñado para garantizar la inmortalidad del difunto. Como describe Jan Assmann en *Death and Salvation in Ancient Egypt*, "el proceso de la muerte y la resurrección en Egipto no se concebía como una disolución del ser, sino como una transformación hacia una nueva forma de existencia, en la que el individuo se convertía en un dios entre los dioses" (Assmann, 2005, p. 128).

Esta inmersión en la espiritualidad egipcia nos revela que Egipto no solo fue una civilización avanzada en términos materiales, sino también una cultura profundamente obsesionada con los misterios de la vida, la muerte y el cosmos. Las claves ocultas de su saber, codificadas en sus monumentos y textos sagrados, siguen desafiando a los investigadores modernos a desentrañar su verdadero significado.

Este libro se adentra en esos misterios, explorando las conexiones entre la religión, la astronomía y la arquitectura, y cómo estos elementos convergen en una comprensión unificada del universo. A medida que avancemos por sus páginas, el lector descubrirá que el legado de Egipto es mucho más que piedras y tumbas; es una ventana hacia una concepción del mundo que sigue resonando en nuestros tiempos.

CAPÍTULO 1: EL SIMBOLISMO
DE LOS JEROGLÍFICOS

1.1 Orígenes y desarrollo de la escritura sagrada

La escritura jeroglífica es uno de los elementos más característicos y fascinantes del antiguo Egipto. Más que un simple sistema de comunicación, los jeroglíficos fueron considerados sagrados, una herramienta divina otorgada a los hombres por los dioses. Según la mitología egipcia, el dios Thot, deidad de la sabiduría, fue quien les enseñó a los humanos el arte de la escritura. Esta idea de origen divino reforzaba el carácter sacro de los jeroglíficos, que se utilizaban principalmente en contextos religiosos y funerarios.

El término «jeroglífico» proviene del griego *hieros* (sagrado) y *glyphein* (esculpir), lo que enfatiza la naturaleza ceremonial de esta escritura. Como explica James Peter Allen, "para los egipcios, los jeroglíficos no eran solo una representación gráfica de sonidos o palabras, sino un medio para manifestar el poder de los dioses a través de lo escrito" (Allen, 2010, p. 27). Esto significa que los textos jeroglíficos no solo transmitían información, sino que también estaban cargados de un profundo significado espiritual y ritual.

Los primeros ejemplos de escritura jeroglífica datan de alrededor del 3200 aC, apareciendo inicialmente en tumbas y monumentos funerarios. En sus orígenes, esta escritura era puramente ideográfica, es decir, los símbolos representaban ideas o conceptos abstractos. Sin embargo, con el tiempo, el sistema jeroglífico se fue haciendo cada vez más complejo, incorporando logogramas (símbolos que representaban palabras completas) y fonogramas (símbolos que representaban sonidos). Sir Alan Gardiner, uno de los mayores expertos en el estudio de esta escritura, explica que "el sistema jeroglífico egipcio llegó a tener más de 700 símbolos, lo que lo convertía en un método de escritura sumamente sofisticado" (Gardiner, 1957, p. 43).

El uso de los jeroglíficos estaba restringido principalmente a contextos oficiales y religiosos. Se inscribían en monumentos, tumbas, templos y estelas, y su propósito era preservar la memoria del difunto, invocar la protección de los dioses o documentar los actos de los faraones. Esta escritura era considerada tan poderosa que solo los escribas, sacerdotes y algunos miembros de la élite tenían acceso a ella, lo que la mantenía alejada del uso común.

El redescubrimiento y desciframiento de los jeroglíficos se produjo gracias a la famosa *Piedra de Rosetta*, hallada en 1799, que contenía un decreto escrito en tres lenguas: jeroglífico, demótico y griego. Fue el filólogo francés Jean-François Champollion quien, tras años de estudio, logró descifrar los jeroglíficos en 1822. Champollion descubrió que, aunque los jeroglíficos podían funcionar como ideogramas, también se utilizaban de manera fonética, representando sonidos y palabras. «El sistema jeroglífico no es un mero conjunto de símbolos visuales; también es una escritura fonética que combina lo abstracto con lo literal» (Champollion, 1824, p. 15). Este hallazgo fue clave para el entendimiento moderno del antiguo Egipto y abrió nuevas posibilidades para el estudio de su historia y religión.

1.2 La simbología oculta tras los jeroglíficos

El desciframiento de los jeroglíficos permitió entender mejor su funcionamiento lingüístico, pero muchos estudiosos sugieren que su verdadero significado va más allá de lo meramente fonético o visual. Para los antiguos egipcios, los jeroglíficos no solo representaban palabras o sonidos; cada símbolo contiene un poder intrínseco. Los egipcios creían que la palabra escrita tenía la capacidad de crear y alterar la realidad. Por ello, los textos jeroglíficos eran a menudo utilizados con finos rituales y mágicos, especialmente en tumbas y templos.

La inscripción de jeroglíficos en las tumbas tenía como objetivo garantizar la protección del difunto en el más allá y facilitar su viaje a través del inframundo. Como describe Erik Hornung, «los jeroglíficos no solo decoraban las paredes; eran herramientas activas que otorgaban poder a quien los utilizaba, protegiendo el alma y guiándola en su transición hacia la vida eterna» (Hornung, 2001, p. 114). Los textos funerarios más conocidos, como el *Libro de los Muertos*, son un ejemplo claro de este uso ritual de la escritura. En estos textos, los jeroglíficos no se limitan a describir las etapas del viaje al más allá, sino que se emplean como fórmulas mágicas para asegurar que el difunto pueda superar los obstáculos que encontrarán en el inframundo.

Algunos símbolos jeroglíficos tenían un significado especialmente poderoso. El *ankh*, la cruz con asa, simbolizaba la vida eterna y solía aparecer junto a las representaciones de los faraones y dioses, garantizando su inmortalidad. Otro ejemplo es el ojo de Horus (*ud-jat*), que representaba protección, sanación y restauración. Estos símbolos, entre muchos otros, se repetían constantemente en los textos religiosos y funerarios, no solo por su significado visual, sino porque los egipcios creían que su sola presencia tenía efectos mágicos.

El concepto de la «palabra performativa», donde la escritura o pronunciación de una palabra desencadenaba efectos reales, era central en la cultura egipcia. En este sentido, los jeroglíficos no solo tenían una función comunicativa, sino que eran consideradas herramientas mágicas. Como señala Jan Assmann, "el lenguaje y la escritura no solo reflejaban la realidad, sino que participaban en su creación. La escritura jeroglífica tenía el poder de invocar lo que representaba" (Assmann, 2005, p. 79).

1.3 Interpretaciones modernas: ¿un lenguaje esotérico?

En tiempos modernos, los jeroglíficos han sido objeto de numerosas interpretaciones que trascienden su valor lingüístico. Mientras que Champollion se centró en descifrar su estructura fonética, otros estudiosos han visto en ellos un lenguaje simbólico que podría contener un conocimiento esotérico.

Esta idea ha sido especialmente popular entre los estudiosos de la tradición hermética y esotérica.

RA Schwaller de Lubicz, uno de los más destacados defensores de esta teoría, argumentó que los jeroglíficos no debían entenderse solo en términos de lenguaje, sino como símbolos que transmiten principios espirituales universales. En su influyente obra *The Temple of Man*, Schwaller de Lubicz sugiere que «cada jeroglífico tiene un doble significado: uno literal y otro esotérico, que solo puede ser comprendido a través de la intuición y el conocimiento espiritual» (Schwaller de Lubicz, 1949, pág.58). Según su interpretación, los egipcios habrían codificado su conocimiento esotérico en los jeroglíficos, de manera que solo aquellos iniciados en los misterios podrían acceder a sus verdades ocultas.

Esta visión ha sido adoptada por varias corrientes de pensamiento que ven en el Antiguo Egipto la cuna de un saber primordial que habría influido en las tradiciones herméticas, alquímicas y místicas posteriores. Aunque esta interpretación es discutida en los círculos académicos, sigue despertando el interés de quienes buscan conexiones entre el conocimiento antiguo y las tradiciones esotéricas modernas.

Independientemente de las interpretaciones, es innegable que los jeroglíficos siguen siendo uno de los aspectos más fascinantes y misteriosos de la civilización egipcia. Aunque gran parte de su significado ha sido descifrado, su valor simbólico y espiritual continúa intrigando tanto a estudiosos como a aficionados. Para los egipcios, la escritura sagrada no era solo una forma de registrar eventos o pensamientos, sino un puente entre el mundo materia.

CAPÍTULO 2: LOS SECRETOS DE LAS PIRÁMIDES

2.1 Las teorías sobre su construcción

La hipótesis más aceptada entre los arqueólogos convencionales es que las pirámides fueron construidas mediante el uso de grandes rampas, que permitían arrastrar los enormes bloques de piedra hasta las alturas requeridas. Según esta teoría, los obreros egipcios utilizaron herramientas de cobre y bronce, rodillos y trineos de madera para mover las piedras, algunas de las cuales pesaban hasta 70 toneladas. En este sentido, el arqueólogo Mark Lehner sostiene que «el uso de rampas, aunque laborioso, habría sido una solución práctica para elevar las piedras a las alturas necesarias, ya que la ingeniería egipcia, aunque avanzada, estaba basada en métodos simples pero efectivos». (Lehner, 1997, pág. 87).

Sin embargo, algunos estudiosos sugieren que la construcción de las pirámides no pudo haber sido tan sencilla. El ingeniero y arquitecto Jean-Pierre Houdin propuso una teoría alternativa en la que las pirámides fueron construidas mediante una rampa interna, una estructura en espiral dentro de la propia pirámide que permitía a los obreros elevar las piedras sin necesidad de rampas externas gigantescas. Esta teoría se basa en estudios arquitectónicos modernos y en la observación de vacíos estructurales detectados mediante técnicas de escaneo. «Es plausible que los egipcios utilizaran una rampa interna, lo que explicaría tanto la precisión de las piedras en las alturas como la ausencia de vestigios arqueológicos de las rampas externas» (Houdin, 2006, p. 115).

A pesar de estas explicaciones, existen otras teorías más especulativas que plantean la posibilidad de que los egipcios hayan utilizado tecnologías más avanzadas, que escapan a nuestro conocimiento actual. Investigadores como Christopher Dunn han sugerido que las pirámides podrían haber sido construidas con la ayuda de alguna forma de tecnología energética o mecánica desconocida. Dunn afirma que «la precisión en las alineaciones y la perfección de las piedras cortadas en las pirámides de Giza sugiere el uso de herramientas mucho más avanzadas que las simples sierras de cobre» (Dunn, 1998, p. 68). Aunque esta teoría carece de evidencia concreta, invita a reflexionar sobre los límites del conocimiento técnico de las antiguas civilizaciones.

2.2 Geometría sagrada: el significado de su estructura

Más allá de su construcción física, las pirámides de Egipto encierran un profundo simbolismo relacionado con la geometría sagrada. Los antiguos egipcios no solo concebían las pirámides como monumentos funerarios; Tambiénn vio en ellas representaciones del cosmos y la conexión entre la tierra y el cielo. La forma piramidal en sí misma, con su base cuadrada y su cúspide que apunta hacia el cielo, simboliza la ascensión del faraón hacia los dioses, un tema central en la religión egipcia.

La Gran Pirámide de Giza, en particular, ha sido objeto de numerosas teorías relacionadas con su diseño geométrico. Investigaciones han demostrado que las proporciones de la pirámide están relacionadas con la proporción áurea, una constante matemática que se encuentra en la naturaleza y en muchos otros ejemplos de arquitectura sagrada. Además, la relación entre la altura de la pirámide y el perímetro de su base es un valor cercano al número pi, lo que ha llevado a algunos investigadores a sugerir que los antiguos egipcios poseían un conocimiento matemático avanzado. Según el físico Kurt Mendelssohn, «la precisión con la que los egipcios construyeron la Gran Pirámide indica que comprendían conceptos matemáticos deseables, aunque no los hayan registrado de la misma manera que los griegos o babilonios» (Mendelssohn, 1971, p. 133).

La orientación de las pirámides también tiene un profundo significado astronómico. La Gran Pirámide está alineada casi perfectamente con los puntos cardinales, lo que sugiere que los egipcios utilizaron el cielo como guía en su construcción. Esta alineación astronómica ha sido interpretada como una forma de sincronizar la estructura con los ciclos cósmicos. Robert Bauval y Adrian Gilbert, en su obra *The Orion Mystery*, propusieron que la disposición de las pirámides de Giza está alineada con las estrellas del cinturón de Orión, que en la mitología egipcia estaban asociadas con Osiris, el dios de la resurrección y el más. allá. «La alineación de las pirámides no es accidental; está cuidadosamente diseñada para reflejar el cielo en la tierra, simbolizando el viaje del faraón hacia la inmortalidad entre las estrellas» (Bauval & Gilbert, 1994, p. 56).

2.3 Energía y cosmología: ¿una tecnología avanzada?

Uno de los aspectos más controvertidos de las pirámides es la posibilidad de que no solo fueran monumentos funerarios, sino también dispositivos tecnológicos que interactuaban con las energías del cosmos. Esta teoría, conocida como la «teoría de la energía de las pirámides», ha sido defendida por autores como Christopher Dunn, quien sugiere que las pirámides pudieron haber sido utilizadas para generar energía. Según Dunn, «la Gran Pirámide no fue construida simplemente como una tumba, sino como una máquina que aprovechaba las fuerzas electromagnéticas naturales de la tierra y el cosmos» (Dunn, 1998, p. 104).

Esta teoría se basa en la disposición interna de la pirámide, particularmente en la Gran Galería y las cámaras internas, que parecen haber sido diseñadas para conducir energía. Dunn sostiene que la combinación de las propiedades geométricas de la pirámide y su ubicación geográfica estratégica pudo haber creado un campo energético que podía ser utilizado para diversos fines, aunque no se sabe con certeza para qué. Aunque esta teoría es vista con escepticismo por muchos arqueólogos tradicionales, ha ganado popularidad entre quienes investigan las posibles aplicaciones de la pirámide más allá de su uso funerario.

Otra teoría que relaciona las pirámides con la energía es la propuesta de Ivan T.

Sanderson, quien sugiere que las pirámides de Giza están situadas en uno de los llamados «puntos de energía» de la tierra, lugares donde las líneas geomagnéticas convergen y crean campos. de alta energia. Esta idea está relacionada con la antigua creencia de que ciertos monumentos y lugares sagrados del mundo están alineados con el campo energético de la Tierra. «Las pirámides, como otros monumentos antiguos, fueron construidas en lugares estratégicos para aprovechar las energías terrestres y cósmicas» (Sanderson, 1972, p. 88).

Aunque estas teorías no han sido probadas científicamente, reflejan una creciente fascinación por la posibilidad de que los antiguos egipcios poseyeran un conocimiento profundo de la energía y la cosmología. La idea de que las pirámides no solo conectaban el cielo y la tierra en un sentido simbólico, sino también en un sentido energético, añade otra capa de misterio a estas estructuras.

CAPÍTULO 3: LA RELIGIÓN EGIPCIA Y EL MÁS ALLÁ

3.1 La concepción de la vida después de la muerte

El concepto de *ma›at*, que representa el orden, la verdad y la justicia cósmica, era central en la vida cotidiana y espiritual de los egipcios. Se creía que el universo estaba en equilibrio gracias a *ma›at*, y que al morir, el individuo demostró que había vivido en armonía con este principio. La creencia egipcia en una vida después de la muerte reflejaba su deseo de preservar este orden cósmico y asegurar su continuidad en el más allá.

La muerte, según el pensamiento egipcio, involucraba una compleja separación del cuerpo y el alma. El *ka*, una especie de doble espiritual, y el *ba*, la parte del alma capaz de moverse libremente entre el mundo de los vivos y los muertos, eran conceptos esenciales en su visión de la existencia. El alma necesitaba superar numerosas pruebas para alcanzar la inmortalidad, culminando en el juicio ante Osiris, el dios de los muertos. En esta ceremonia, conocida como la "pesada del corazón", el corazón del difunto se colocaba en una balanza y se comparaba con la pluma de *ma›at*.

Si el corazón era puro, el difunto podía unirse a los dioses y vivir en el campo de juncos, una representación idealizada de la vida eterna. Sin embargo, si el corazón era más pesado que la pluma, era devorado por Ammit, una criatura monstruosa, condenando al alma a la destrucción.

Según Jan Assmann, en su obra *Death and Salvation in Ancient Egypt*, «el concepto egipcio de la muerte no es simplemente el fin de la existencia física, sino una transformación hacia una forma de vida eterna, donde el difunto se convierte en un ser divino». entre los dioses" (Assmann, 2005, p. 45). Este ideal de inmortalidad se refleja no solo en los ritos funerarios, sino en toda la arquitectura funeraria, desde las pirámides hasta las mastabas y las tumbas del Valle de los Reyes.

3.2 Textos funerarios: el Libro de los Muertos y otras claves

Para los egipcios, la vida después de la muerte no era automática; requería de preparación, conocimientos y ritos específicos para asegurar el paso seguro hacia la otra vida. Este conocimiento estaba codificado en los textos funerarios, que accionaban como guías para el difunto en su viaje al más allá. El más famoso de estos textos es el *Libro de los Muertos* (conocido en el antiguo egipcio como *Peri Em Heru*, «El Libro de la Salida al Día»), una recopilación de hechizos y fórmulas diseñadas para proteger al difunto y ayudar a superar los desafíos. que encontraría en su travesía hacia la vida eterna.

El *Libro de los Muertos* comenzó a utilizarse durante el Imperio Nuevo (alrededor del 1550 aC) y se basaba en textos funerarios más antiguos, como los *Textos de las Pirámides* y los *Textos de los Sarcófagos*. Estos textos anteriores se inscribían directamente en las paredes de las tumbas y sarcófagos de los faraones y miembros de la nobleza, y contenían instrucciones para superar los obstáculos que se encontrarían en el Duat, el inframundo egipcio. Como señala Erik Hornung, «cada texto funerario estaba diseñado para armar al difunto con el conocimiento necesario para superar las pruebas del más allá y alcanzar la inmortalidad junto a los dioses» (Hornung, 2001, p. 73).

Uno de los pasajes más importantes del *Libro de los Muertos* es el "Capítulo 125", que describe el juicio ante Osiris. En este juicio, el difunto debía recitar la «Confesión Negativa», una lista de 42 afirmaciones en las que el alma declaraba no haber cometido pecados como robar, mentir o matar. Este pasaje no solo es una declaración de inocencia, sino también una afirmación de haber vivido en armonía con los preceptos de *ma‹at*. Este texto fue esencial para que el difunto pudiera justificar su entrada al más allá y evitar la condenación eterna.

Además del *Libro de los Muertos*, existían otros textos importantes, como el *Libro de las Puertas* y el *Libro de las Cavernas*, que también proporcionaban orientación para el viaje del alma. Estos textos, que eran utilizados principalmente en los entierros reales, detallaban las diferentes etapas del inframundo y las pruebas que el difunto debía superar para alcanzar la vida eterna. Cada fase del viaje estaba custodiada por seres míticos, y solo aquellos que conocían los nombres y fórmulas adecuadas podían pasar con éxito.

Los textos funerarios eran, en esencia, un manual de instrucciones para la inmortalidad. Cada símbolo y cada palabra tenía un propósito mágico y ritual. Como observa James Peter Allen, «los textos funerarios egipcios no eran simplemente relatos o descripciones, sino herramientas mágicas para manipular el destino del difunto en el más allá» (Allen, 2005, p. 61). Esta mezcla de religión, magia y simbolismo era fundamental para la concepción egipcia de la vida después de la muerte.

3.3 Rituales de inmortalidad y resurrección

Para los egipcios, alcanzar la inmortalidad no era solo cuestión de recitar hechizos o conocer los nombres secretos de los dioses. También requería la preservación del cuerpo físico, ya que los egipcios creían que el alma necesitaba un cuerpo intacto para poder habitar en el más allá. Por esta razón, los rituales de momificación y entierro eran considerados de vital importancia.

El proceso de momificación, que se fue perfeccionando a lo largo de los siglos, tenía como objetivo preservar el cuerpo del difunto en las mejores condiciones posibles para garantizar su supervivencia en el más allá. El cuerpo era despojado de sus órganos internos, que se conservaban en vasijas conocidas como *canopos*, y luego se envolvía cuidadosamente en vendas de lino impregnadas de resinas. Se creía que este proceso protegía al cuerpo de la corrupción y permitía que el *ka* y el *ba* pudieran reunirse con él para vivir eternamente. Según Heródoto, el historiador griego que visitó Egipto en el siglo V aC, "los egipcios eran los únicos en perfeccionar el arte de la momificación, considerando la preservación del cuerpo como un paso crucial hacia la vida eterna" (Heródoto, *Historias*, 440 aC).

Además de la momificación, los rituales funerarios incluían ceremonias como el «Rito de la Apertura de la Boca», en el cual un sacerdote usaba una herramienta especial para tocar la boca del difunto, simbólicamente devolviéndole la capacidad de respirar, comer y hablar en el más allá. Este ritual era esencial para restaurar las facultades vitales del difunto y permitir su resurrección en el mundo de los dioses. Como observa Rosalie David en *The Egypt Book of the Dead*, "el rito de la apertura de la boca no solo tenía un simbolismo religioso, sino que también se veía como una operación mágica, diseñada para devolver la vida al cuerpo del difunto" (David, 1987, pág.

La resurrección en el más allá estaba profundamente conectada con la figura de Osiris, el dios de la muerte y la resurrección. Según la mitología egipcia, Osiris fue asesinado y desmembrado por su hermano Seth, pero fue resucitado por su esposa Isis, quien reunió sus fragmentos y lo devolvió a la vida mediante sus poderes mágicos. Osiris se convirtió así en el primer ser en resucitar y en el gobernante del inframundo, donde presidía el juicio de los muertos. Los egipcios creían que, al igual que Osiris, ellos también podían resucitar después de la muerte si seguían los ritos correctos.

Este ideal de resurrección y renacimiento se reflejaba en la arquitectura funeraria, particularmente en las pirámides y las tumbas de los faraones. Las cámaras funerarias estaban diseñadas como lugares de transformación, donde el cuerpo del difunto podía «renacer» y vivir eternamente en el más allá. Los textos inscritos en las paredes de las tumbas detallaban los rituales necesarios para asegurar esta transformación y garantizar que el difunto pudiera unirse a los dioses en la eternidad.

CAPÍTULO 4: LA MAGIA EN EL ANTIGUO EGIPTO

4.1 Magia cotidiana y ceremonial

En el Antiguo Egipto, la magia no solo era un recurso para los sacerdotes o reyes; Estaba profundamente arraigada en la vida cotidiana de todos los estratos sociales. Los egipcios veían el mundo a través de una lente en la que lo visible y lo invisible interactuaban constantemente. La magia, o *heka* en el egipcio antiguo, no era considerada una superstición o un acto oscuro; más bien, era una fuerza divina otorgada a la humanidad por los dioses para proteger el orden cósmico y garantizar la prosperidad.

El concepto de *heka* es clave para entender la vida espiritual y práctica de los egipcios. Según Jan Assmann, « *Heka* no era simplemente magia en el sentido que entendemos hoy, sino el poder cósmico que mantenía en funcionamiento el universo. Los dioses lo usaban para crear y preservar el orden, y los humanos podían invocarlo para mantener el equilibrio entre lo divino y lo humano" (Assmann, 2005, p. 92). Esta concepción de la magia como fuerza creadora hacía que cada aspecto de la vida egipcia estuviera permeado por actos mágicos.

La magia cotidiana se manifestaba en diversas formas. Los egipcios utilizaban amuletos, encantamientos y ritos sencillos para protegerse de las enfermedades, atraer la buena suerte o garantizar el éxito en sus actividades diarias. Las mujeres, por ejemplo, empleaban conjuros para facilitar el parto, mientras que los agricultores realizaban ritos mágicos para asegurar una cosecha abundante. El simple acto de pronunciar una oración o llevar un amuleto específico podía ser considerado un acto de magia en la vida diaria.

En el ámbito ceremonial, la magia desempeñaba un papel aún más central. Los sacerdotes egipcios, encargados de realizar los rituales en los templos, eran considerados maestros en el arte de la *heka*. Durante las ceremonias religiosas, los sacerdotes invocaban a los dioses mediante cánticos, encantamientos y rituales complejos para asegurar su protección sobre el faraón y el pueblo. Uno de los rituales más conocidos era la «ceremonia de la apertura de la boca», que no solo se realizaba en los difuntos para restaurarles sus funciones vitales en el más allá, sino también en las estatuas de los dioses, que eran tratadas como seres. vivos una vez consagradas.

El faraón, considerado el hijo del dios Ra, también desempeñaba un papel central en la práctica mágica ceremonial. En su calidad de gobernante divino, el faraón no solo garantizaba la prosperidad y la estabilidad del reino a través de actos políticos y militares, sino también mediante su intervención en rituales mágicos que aseguraban el mantenimiento del *ma›at* (orden cósmico) en la tierra.

4.2 Los sacerdotes y sus poderes ocultos

Los sacerdotes egipcios eran más que meros intermediarios entre los dioses y los humanos. Se creía que poseían un conocimiento especial de los secretos del universo y que podían manipular las fuerzas divinas mediante la magia. El poder de los sacerdotes radicaba en su capacidad para dominar los textos sagrados, las fórmulas mágicas y los rituales que garantizaban la protección y el bienestar de la comunidad.

Uno de los roles más importantes de los sacerdotes era el de mantener los rituales diarios en los templos. Estos rituales, que incluían la purificación, la ofrenda de alimentos y el cuidado de las estatuas divinas, eran considerados actos mágicos que conectaban el mundo humano con el divino. Según el egiptólogo David P. Silverman, «el sacerdote egipcio no solo era un líder religioso; también era un mago que utilizaba los textos sagrados para controlar las fuerzas invisibles y garantizar la continuidad del orden cósmico» (Silverman, 1997, p. 132).

Los sacerdotes más poderosos pertenecían al clero de los grandes dioses, como Ra, Amón o Osiris, pero también existían sacerdotes locales que practicaban rituales y hechizos más específicos para sus comunidades. En muchos casos, estos sacerdotes actuaban como sanadores, utilizando hierbas y fórmulas mágicas para curar enfermedades. Se conservan numerosos papiros médicos que no describen solo recetas de remedios herbales, sino también los conjuros que debían recitarse durante el tratamiento para asegurar su efectividad.

El *Sumo Sacerdote de Amón* en Tebas, por ejemplo, no solo ostentaba un título religioso; También era una de las figuras más poderosas de Egipto, tanto en términos políticos como mágicos. Su conocimiento de los ritos más sagrados y su control sobre los templos le conferían una autoridad inmensa, y muchos creían que tenía la capacidad de influir en los asuntos del estado a través de sus poderes mágicos.

Además de sus funciones religiosas y curativas, los sacerdotes también desempeñaban un papel crucial en la protección mágica del faraón y del estado. A través de rituales y encantamientos, aseguraban la invulnerabilidad del faraón frente a sus enemigos, tanto humanos como sobrenaturales. Se creía que los sacerdotes podían invocar a los dioses para desatar calamidades sobre los enemigos de Egipto o, por el contrario, para proteger a sus aliados mediante fórmulas mágicas inscritas en objetos sagrados.

4.3 Amuletos y encantamientos: protección y poder divino

Los amuletos eran una parte esencial de la vida diaria y espiritual de los antiguos egipcios. Estos objetos no solo tenían un significado simbólico, sino que eran considerados portadores del poder divino. Los egipcios creían que ciertos símbolos y figuras podían canalizar la energía de los dioses y proporcionar protección, buena fortuna o salud. Los amuletos eran usados por personas de todas las clases sociales y se colocaban en las tumbas para garantizar la protección del difunto en el más allá.

Uno de los amuletos más comunes y poderosos era el *udjat*, el ojo de Horus, que simbolizaba protección, sanación y restauración. Según la mitología egipcia, Horus perdió su ojo en una batalla con su tío Seth, pero el dios Thot lo restauró mediante su magia. Desde entonces, el *udjat* se convirtió en un símbolo de protección contra el mal y era frecuentemente utilizado en joyas, ofrendas y rituales funerarios.

El *ankh*, símbolo de la vida eterna, era otro de los amuletos más importantes. Los faraones y los dioses son representados frecuentemente sosteniendo el *ankh*, lo que indica su control sobre la vida y la muerte. Los egipcios creían que el *ankh* no solo garantizaba la inmortalidad en el más allá, sino que también ofrecía protección en la vida terrestre. Se han encontrado numerosos ejemplos de amuletos *ankh* en tumbas y entierros reales, donde se colocaban junto al difunto para asegurar su resurrección y vida eterna.

Otro amuleto muy utilizado era el escarabajo, que representaba la resurrección y la renovación. Los escarabajos, especialmente los *escarabeos corazón*, se colocaban en el pecho de las momias, sobre el corazón, para garantizar la protección en el juicio ante Osiris. Este tipo de escarabajo contenía inscripciones jeroglíficas que aseguraban que el corazón del difunto no lo traicionaría durante la «pesada del corazón», un rito fundamental para la admisión en la vida eterna.

Los encantamientos y fórmulas mágicas, como los descritos en los papiros médicos y religiosos, eran otro medio importante de protegerse del mal y atraer el favor de los dioses. Se recitaban durante ceremonias religiosas, pero también en momentos de peligro o enfermedad. Los encantamientos no eran meras palabras; se creía que contenían un poder inherente para alterar la realidad y garantizar la protección o curación. Los textos del *Libro de los Muertos* contienen numerosos ejemplos de hechizos diseñados para proteger al difunto en el más allá, asegurando que superará los obstáculos del inframundo y lograra la inmortalidad.

CAPÍTULO 5: LA ASTRONOMÍA Y LOS DIOSES CELESTIALES

5.1 Conexión entre las estrellas y los dioses egipcios

Desde los albores de su civilización, los antiguos egipcios encontraron en los cielos una fuente de sabiduría y guía espiritual. Para ellos, las estrellas, el Sol y la Luna no eran meros cuerpos celestes, sino manifestaciones de los dioses y fuerzas divinas que influían directamente en la vida terrestre y en el equilibrio del universo. La conexión entre las estrellas y los dioses egipcios era parte integral de su cosmología, una simbiosis en la que el cielo reflejaba el orden divino.

Uno de los ejemplos más claros de esta relación entre astronomía y religión es la figura de Osiris, dios de la muerte y la resurrección, asociado con la constelación de Orión. Según la mitología egipcia, Osiris fue asesinado y desmembrado por su hermano Seth, pero fue restaurado por su esposa Isis, convirtiéndose en el dios del más allá. Orión, con su prominente cinturón de tres estrellas alineadas, representaba a Osiris en el cielo, una manifestación de su poder eterno. Esta constelación simbolizaba el viaje del faraón hacia la inmortalidad, ya que los faraones, como herederos de Osiris, se creía que se unían a él en las estrellas tras su muerte.

Robert Bauval y Adrian Gilbert, en su influyente obra *The Orion Mystery*, plantean la teoría de que las pirámides de Giza fueron construidas con una alineación intencionada con las estrellas del cinturón de Orión, creando un «mapa estelar» en la tierra que reflejaba el viaje. del faraón hacia la divinidad. «Las pirámides no eran meros monumentos funerarios, sino puertas cósmicas que conectaban el mundo de los vivos con el reino celestial de Osiris» (Bauval & Gilbert, 1994, p. 78).

Además de Osiris, la estrella Sirio estaba íntimamente ligada a Isis, la gran diosa madre y protectora. Sirio, también conocido como *Sothis* en la antigüedad, marcaba un momento crucial en el calendario egipcio: su surgimiento helíaco (la primera aparición visible en el horizonte antes del amanecer) coincidía con el inicio de la inundación anual del Nilo, un evento vital para la agricultura y la supervivencia del pueblo egipcio. Por ello, Isis, asociada con Sirio, simbolizaba la renovación y la fertilidad, vinculando la estrella con el renacimiento de la tierra. Esta relación directa entre los fenómenos astronómicos y los dioses subraya cómo los egipcios no solo observaban el cielo, sino que veían en él la manifestación de poderes divinos que influían en sus vidas.

Ra, el dios del Sol, ocupaba un lugar central en la religión egipcia. Se le consideró el creador del universo y el dador de vida. Cada día, Ra surcaba los cielos en su barca solar, iluminando el mundo y otorgando su bendición a los seres vivos. Al caer la noche, descendía al inframundo, donde libraba una batalla con Apofis, la serpiente del caos. Si Ra lograba vencer a Apofis, renacía al día siguiente, simbolizando la eterna victoria del orden sobre el caos, un concepto clave en la cosmovisión egipcia. El ciclo diario del Sol no solo era un fenómeno astronómico, sino una representación constante del triunfo del bien sobre el mal en la lucha cósmica.

5.2 Templos orientados a fenómenos astronómicos

Los antiguos egipcios no solo observaban los cielos por razones religiosas o espirituales, sino que integraban este conocimiento en la planificación de sus monumentos sagrados. La orientación astronómica de muchos de sus templos refleja una conexión intencionada entre la arquitectura y los ciclos celestiales, donde los edificios no eran simplemente lugares de culto, sino puntos de convergencia entre el cielo y la tierra.

Uno de los ejemplos más impresionantes de esta alineación astronómica es el templo de Karnak, dedicado a Amón-Ra. Este templo, situado en Tebas, fue construido de tal manera que, durante el solsticio de invierno, el Sol naciente entra directamente por el eje principal del templo, iluminando el santuario interior, donde se encontraba la estatua del dios Amón. Este fenómeno, que ocurre solo una vez al año, no era visto como un mero accidente arquitectónico, sino como una manifestación del poder divino, un momento en el que el dios sol renacía y otorgaba su bendición al templo y a los fieles. Para los egipcios, estos fenómenos eran una reafirmación del ciclo eterno de muerte y renacimiento, reflejado tanto en el cosmos como en la vida terrestre.

Otro ejemplo destacable es el templo de Abu Simbel, construido bajo el reinado de Ramsés II. Este templo está orientado de manera que dos veces al año, durante el amanecer, los rayos del Sol penetran en el santuario y bañan de luz las estatuas de los dioses Amón-Ra, Ra-Horajti y Ptah, así como la propia estatua de Ramsés. II. Este evento ocurre en fechas precisas, que coinciden con el aniversario de la coronación y el cumpleaños del faraón. El simbolismo detrás de este fenómeno es claro: Ramsés II se presentaba como un dios viviente, y la luz del Sol que lo iluminaba era una señal de su divinidad y de su conexión directa con los dioses celestiales.

La precisión con la que los egipcios alineaban sus templos con los fenómenos astronómicos demuestra un profundo conocimiento de los ciclos celestes y una habilidad arquitectónica extraordinaria. Estas alineaciones no solo servían como demostraciones de poder y devoción, sino también como herramientas para marcar momentos importantes en el calendario religioso y agrícola. Como explica el arqueólogo Anthony Aveni, «la orientación astronómica de los templos egipcios era una forma de sincronizar la vida religiosa y cívica con los ritmos del cosmos, reflejando la creencia profunda en la interconexión entre el cielo y la tierra» (Aveni, 2000, pág.142).

5.3 El calendario egipcio y su relación con los ciclos cósmicos

La astronomía no solo desempeñaba un papel crucial en la religión egipcia, sino también en la organización de la vida diaria a través del calendario. El calendario egipcio, uno de los más antiguos del mundo, estaba íntimamente vinculado a los ciclos solares y estelares, lo que permitía a los egipcios regular sus actividades agrícolas, religiosas y civiles con precisión.

El calendario egipcio constaba de 365 días, divididos en 12 meses de 30 días, con cinco días adicionales llamados «días epagómenos», que se dedicaban a las festividades religiosas en honor a los dioses. Estas cinco jornadas finales del año estaban consagradas a los nacimientos de los dioses Osiris, Isis, Horus, Seth y Neftis. Este calendario solar era sorprendentemente preciso, aunque no incluía el ajuste de los años bisiestos, lo que provocaba que el calendario se desfasara respecto al ciclo real del Sol. Sin embargo, los egipcios eran conscientes de este desfase y lo corregían observando los fenómenos celestiales, especialmente el surgimiento helíaco de Sirio, que marcaba el inicio del nuevo año.

El año egipcio estaba dividido en tres estaciones, cada una de cuatro meses: *Ajet* (la inundación), *Peret* (el crecimiento) y *Shemu* (la cosecha). Estas estaciones estaban directamente relacionadas con el ciclo anual del río Nilo, cuya inundación era esencial para la fertilidad de la tierra. El surgimiento de Sirio, como ya se ha mencionado, coincide con el comienzo de *Ajet*, la primera estación del año, señalando el momento en que el Nilo comenzaba a desbordarse y revitalizar los campos. Este ciclo no solo regulaba la vida agrícola, sino también las festividades religiosas, que a menudo coincidían con los cambios estacionales.

Además del calendario solar, los egipcios también utilizaban un calendario lunar, más corto y menos preciso, que se empleaba para medir ciclos religiosos específicos. Los sacerdotes de los templos observaban con detenimiento las fases de la Luna para calcular el momento adecuado para ciertos rituales y festividades. Este conocimiento detallado de los ciclos solares y lunares les permite sincronizar la vida terrestre con los ritmos cósmicos.

Como señala Clive Ruggles en su obra *Ancient Egypt Astronomy*, «el calendario egipcio no era simplemente una herramienta para medir el tiempo; era una manifestación del orden cósmico y un reflejo de la relación armoniosa que los egipcios buscaban mantener con las fuerzas del universo» (Ruggles, 2005, pág. Esta relación con los ciclos cósmicos refleja la creencia egipcia en la importancia de vivir en la astronomía. que estaba profundamente entrelazada con la religión, la arquitectura y la vida diaria en el Antiguo Egipto. Los egipcios no solo miraban al cielo para buscar orientación, sino que veían en las estrellas y los cuerpos celestes a los propios dioses, manifestaciones divinas que regulaban el orden cósmico y terrestre. Los templos orientados a fenómenos astronómicos y el calendario basado en los ciclos cósmicos subrayan la importancia de la astronomía en la civilización egipcia. Este capítulo ha explorado cómo los antiguos egipcios integraron su conocimiento del cosmos en su vida espiritual y material, reflejando una visión del mundo en la que lo celestial y lo terrenal estaban intrínsecamente conectados.

CAPÍTULO 6: LA MEDICINA
Y SUS MISTERIOS

6.1 Prácticas médicas avanzadas

La medicina en el Antiguo Egipto es uno de los aspectos más sorprendentes y avanzados de su civilización. Aunque los egipcios vivieron hace más de 5.000 años, muchos de sus conocimientos médicos eran sorprendentemente atractivos para su época. Se documentaron procedimientos quirúrgicos, tratamientos para diversas enfermedades, y el uso de plantas medicinales en textos antiguos que muestran un nivel de entendimiento del cuerpo humano mucho más avanzado de lo que se podría esperar de una civilización tan antigua.

Los egipcios, al igual que muchas otras culturas antiguas, creían que la enfermedad era una manifestación física del desequilibrio entre las fuerzas del cuerpo, a menudo relacionada con influencias espirituales o sobrenaturales. Sin embargo, los médicos egipcios también practicaban tratamientos basados en la observación empírica y en técnicas que eran, en muchos casos, sorprendentemente efectivas. En los papiros médicos, como el *Papiro Edwin Smith* y el *Papiro Ebers*, se describen procedimientos quirúrgicos, tratamiento de heridas, fracturas, infecciones y dolencias internas.

El *Papiro Edwin Smith* (que data aproximadamente del 1600 aC, aunque se cree que recopila conocimientos aún más antiguos) es considerado uno de los documentos más notables de la medicina egipcia. Se enfoca en procedimientos quirúrgicos y descripciones anatómicas, lo que revela un profundo conocimiento de la fisiología humana. El texto detalla cómo tratar fracturas, luxaciones, heridas abiertas e incluso lesiones craneales. Los tratamientos se basaban en la observación, y se describen técnicas como suturas, vendajes y el uso de moldes para inmovilizar fracturas, lo que indica que los médicos egipcios poseían una gran habilidad en el manejo de traumas físicos.

Además de los procedimientos quirúrgicos, los egipcios empleaban una amplia variedad de hierbas y compuestos naturales en su medicina. Plantas como el ajo, el aloe vera, el tomillo y la miel se usaban utilizadas en remedios para tratar infecciones, inflamaciones y enfermedades internas. La miel, por ejemplo, era conocida por sus propiedades antibacterianas y se utilizaba en la curación de heridas abiertas. Los egipcios también prepararon ungüentos, infusiones y cataplasmas con combinaciones específicas de plantas que, en muchos casos, mostraron una notable eficacia.

La medicina egipcia también tenía un enfoque preventivo. Los médicos insistían en la importancia de mantener la higiene personal, y se sabe que los egipcios practicaban baños regulares y utilizaban cosméticos, no solo por razones estéticas, sino también con fines medicinales. El uso de ciertos ungüentos y aceites ayudaba a proteger la piel del sol abrasador del desierto y evitar infecciones cutáneas. Las prácticas de higiene y salud preventiva eran, de hecho, tan fundamentales que los griegos posteriores, como Heródoto, los reconocieron como pioneros en este campo, afirmando que «los egipcios son los hombres más sanos del mundo debido a sus prácticas de higiene y su preocupación por la medicina» (Heródoto, *Historias*, 440 aC).

6.2 Medicina holística: cuerpo, mente y espíritu

A diferencia de las tradiciones médicas modernas, que tendían a centrarse exclusivamente en el aspecto físico de la salud, la medicina egipcia adoptaba un enfoque holístico que integraba el cuerpo, la mente y el espíritu. Para los egipcios, la enfermedad no era simplemente el resultado de una disfunción física; También podía tener causas espirituales o emocionales. La salud se veía como un equilibrio entre estos tres elementos, y la tarea del médico o sanador era restablecer ese equilibrio.

Este enfoque holístico se reflejaba en las prácticas de sanación tanto física como espiritual. La medicina no solo incluía el uso de plantas y procedimientos quirúrgicos, sino también el uso de encantamientos, amuletos y rituales mágicos. Los egipcios creían que las enfermedades podían ser causadas por fuerzas sobrenaturales, como los dioses enfurecidos o los espíritus malignos, y los médicos o sacerdotes realizaban rituales mágicos para apaciguar esas fuerzas. Los hechizos y los conjuros estaban compuestos por escritos en papiros médicos, y se recitaban como parte del tratamiento para garantizar su eficacia.

El uso de amuletos era otro elemento clave en este enfoque holístico. Los amuletos, como el ojo de Horus o el escarabajo, se usaban como protecciones mágicas para salvar al portador de las enfermedades o para asegurar su curación. Estos objetos sagrados se utilizaban tanto en la vida como en la muerte, con el fin de proteger al cuerpo y al alma de influencias malignas o peligros del más allá.

Los egipcios también creían en la importancia de la mente para el bienestar general. El equilibrio emocional y mental era visto como fundamental para la salud física. Algunos textos médicos sugieren que los médicos no solo trataban los síntomas físicos de la enfermedad, sino que también aconsejaban a sus pacientes sobre la importancia de mantener la calma y la serenidad mental. Esto sugiere que los médicos egipcios entendían la conexión entre el bienestar emocional y la salud física mucho antes de que este concepto fuera reconocido en la medicina moderna.

En conjunto, la medicina egipcia no solo trataba de curar el cuerpo, sino que buscaba restablecer el equilibrio cósmico del individuo, integrando el cuerpo, la mente y el espíritu en un todo armónico. Esta visión integral de la salud refleja una profunda comprensión de la naturaleza humana, en la que la ciencia y la espiritualidad no estaban separadas, sino unidas en una única visión de la vida y la salud.

6.3 El rol de los sanadores y los textos médicos antiguos

En la sociedad egipcia, los sanadores ocupaban un lugar de gran prestigio. Se les consideran intermediarios entre los dioses y los mortales, dotados del conocimiento y la habilidad necesaria para mantener el orden y la salud en el mundo terrestre. Algunos sanadores también eran sacerdotes, lo que reforzaba aún más su estatus, ya que no solo eran capaces de tratar enfermedades físicas, sino que también podían realizar rituales sagrados para restablecer el equilibrio espiritual del paciente.

Los médicos egipcios recibían una formación rigurosa, que incluía tanto el aprendizaje de textos antiguos como la práctica directa en la curación. Los textos médicos, como el *Papiro Ebers* y el *Papiro Edwin Smith*, eran fundamentales en su formación. Estos papiros, que contenían tanto recetas medicinales como descripciones anatómicas y encantamientos mágicos, se transmitían de generación en generación y formaban la base del conocimiento médico egipcio.

El *Papiro Ebers*, uno de los textos médicos más completos que ha llegado hasta nosotros, contiene más de 700 recetas para tratar diversas dolencias, que van desde afecciones dermatológicas hasta problemas digestivos. Además, en sus líneas se encuentran referencias a enfermedades del corazón, diabetes y depresión, lo que sugiere que los egipcios poseían un conocimiento sorprendentemente avanzado de la medicina interna. Este papiro también contiene una gran cantidad de fórmulas mágicas y encantamientos, lo que refleja el sincretismo entre la medicina práctica y la magia en la curación egipcia. «El médico egipcio no era solo un curandero; también era un mago que comprendía que el cuerpo humano estaba profundamente entrelazado con las fuerzas divinas» (Silverman, 1997, p. 152).

Además de los médicos formales, había otro grupo de sanadores en Egipto: las mujeres, que jugaban un papel importante en el ámbito de la medicina. Aunque los textos médicos formales eran escritos por hombres, hay evidencia de que las mujeres, especialmente las parteras, desempeñaban un papel crucial en la atención médica, especialmente en cuestiones relacionadas con el embarazo, el parto y la salud infantil. Muchas de ellas empleaban tanto sus conocimientos prácticos como rituales mágicos para asistir a las mujeres en las difíciles etapas del parto, ayudando a preservar la vida tanto de la madre como del recién nacido.

El conocimiento médico egipcio fue altamente valorado por otras civilizaciones de la antigüedad, como los griegos y los romanos, quienes tomaron muchas de sus prácticas y las incorporaron en sus propios sistemas de salud. Heródoto describió con admiración a los médicos egipcios, mencionando que cada uno estaba especializado en una parte diferente del cuerpo, un enfoque que denota un grado de especialización que rara vez se encuentra en otras culturas antiguas. «Cada médico egipcio se especializa en una dolencia particular; unos tratan los ojos, otros los dientes, otras las enfermedades internas» (Heródoto, *Historias*, 440 aC).

La medicina egipcia era una fusión de ciencia, magia y espiritualidad, donde el conocimiento empírico de la anatomía y la farmacología coexistía con rituales y creencias espirituales. Los médicos egipcios, formados en una combinación de prácticas físicas y mágicas, eran maestros en curar tanto el cuerpo como el alma. Los textos médicos antiguos, junto con las prácticas de sanación holística y la utilización de encantamientos y amuletos, demuestran que los egipcios poseían un profundo entendimiento de la salud humana, integrando el cuerpo, la mente y el espíritu en su búsqueda por mantener el equilibrio y el bienestar en la vida y más allá.

CAPÍTULO 7: LA ARQUITECTURA SAGRADA DE LOS TEMPLOS

7.1 Arquitectura ritual y su simbolismo

Los templos egipcios estaban diseñados para facilitar el tránsito desde el mundo de los humanos hacia el mundo de los dioses, un viaje tanto físico como espiritual. Esta transición se representaba en la estructura misma del templo, que se construía siguiendo un eje longitudinal, con un acceso limitado a las áreas más sagradas. A medida que se avanzaba hacia el santuario interior, donde se encontraba la estatua del dios, los espacios se regresaban más reducidos y oscuros, simbolizando el viaje desde el caos del mundo exterior hacia la perfección y la pureza del mundo divino. Esta progresión también estaba marcada por el aumento en la altura de las paredes y la opulencia de la decoración, lo que creaba una sensación de asombro y reverencia en aquellos que se aventuraban en los recintos más sagrados.

Los muros exteriores de los templos, a menudo decorados con escenas de batalla y la representación de las hazañas del faraón, tenían un propósito protector, mientras que los patios abiertos y los pilonos (las grandes puertas monumentales que marcaban la entrada al templo) actuaban como símbolos de las montañas orientales por las que el sol nacía cada día. Los pilonos representaban, por tanto, la puerta hacia el renacimiento y el orden, un tema constante en la mitología egipcia. Al cruzar los pilonos, los fieles entraban en un espacio intermedio, una transición entre el mundo humano y lo divino.

El simbolismo arquitectónico de los templos también estaba presente en las columnas que sostenían las estructuras. Estas columnas, decoradas con motivos de plantas de papiro y loto, representaban las fuerzas primigenias del caos que habían sido domadas para crear el mundo ordenado. Las columnas eran vistas como árboles cósmicos que conectaban el cielo y la tierra, reforzando la idea de que el templo era un microcosmos del universo.

Según el historiador Erik Hornung, «la arquitectura de los templos egipcios no solo tenía una función práctica; cada elemento estaba cargado de simbolismo religioso, representando tanto el cosmos como el viaje del alma hacia lo divino» (Hornung, 2001, p. 87). Esta arquitectura no era simplemente un ejercicio estético, sino una forma de comunicación espiritual entre el hombre y los dioses.

7.2 Los templos como microcosmos del universo

Los templos egipcios no solo eran lugares de culto, sino también recreaciones del cosmos. Para los egipcios, el universo había sido creado a partir de las aguas primordiales del caos, y los templos representaban el mundo ordenado que cirugía de este caos. En la cosmovisión egipcia, los templos eran microcosmos del universo, replicando en su diseño el orden cósmico y la creación del mundo por los dioses.

El santuario interior del templo, donde se encontraba la estatua del dios, simbolizaba el centro del universo, el lugar donde la creación tuvo lugar y donde el dios residía en su forma física. Este espacio sagrado era inaccesible para la mayoría de los mortales, reservado exclusivamente para el faraón y los sacerdotes de más alto rango, quienes se encargaban de los ritos diarios para mantener el orden cósmico y asegurar que el universo continuara en equilibrio. Los rituales que se llevaban a cabo dentro del templo no solo eran actos de devoción, sino también acciones mágicas destinadas a mantener el funcionamiento del cosmos.

El techo del templo estaba decorado con estrellas y representaciones del cielo, mientras que el suelo representaba la tierra. De esta manera, el templo replicaba el universo en miniatura, con el cielo por encima y la tierra por debajo. Los lagos sagrados que se encontraban en muchos templos, como el de Karnak, simbolizaban las aguas primordiales de las que surgió la creación. Según el egiptólogo John Baines, «el templo egipcio era una recreación ritual del cosmos, en el que cada parte del edificio tenía un significado cósmico, y cada ceremonia mantenía el equilibrio entre el cielo, la tierra y el inframundo» (Baines, 1995, pág.102).

El diseño de los templos también estaba alineado con los ciclos astronómicos y el movimiento de los cuerpos celestes, reforzando su papel como puntos de conexión entre el cielo y la tierra. Por ejemplo, el templo de Karnak estaba alineado de tal manera que el sol, durante el solsticio de invierno, iluminaba directamente la estatua de Amón en el santuario, simbolizando el poder regenerador del sol y su papel en el mantenimiento del orden cósmico. Los egipcios creían que la luz del sol en estos momentos clave era una manifestación de la energía divina que revitalizaba al dios en su templo y, por extensión, aseguraba la continuidad del cosmos.

7.3 El rol del faraón en la construcción divina

El faraón, como representante divino en la tierra, jugaba un papel fundamental en la construcción y el mantenimiento de los templos. Los egipcios creían que el faraón no solo era el líder político y militar del país, sino también un intermediario entre los dioses y los humanos. Su autoridad divina le otorgaba la responsabilidad de mantener el orden cósmico (*ma›at*) y de asegurar que los rituales religiosos se realizaran correctamente.

La construcción de un templo era vista como un acto sagrado, y el faraón era el único que tenía la autoridad para ordenar la creación de estos monumentos. Se creía que los dioses le revelaban al faraón el diseño del templo y que cada piedra colocada era un acto divino que contribuía al equilibrio del universo. Los relieves en muchos templos muestran al faraón realizando ofrendas a los dioses y consagrando los cimientos del templo, lo que reforzaba su papel como constructor divino y protector del orden cósmico.

Además de ordenar la construcción de templos, el faraón era responsable de asegurar que los rituales diarios se llevaran a cabo de acuerdo con las tradiciones ancestrales. Aunque los sacerdotes realizaban los rituales en su nombre, se creía que era el faraón quien, a través de su poder divino, mantenía la conexión entre el mundo terrestre y el divino. En los relieves y textos, a menudo se representa al faraón realizando sacrificios, encendiendo el incienso o vertiendo libaciones, acciones que simbolizaban su papel en la preservación de *ma·at*.

Uno de los ejemplos más notables del papel del faraón en la construcción de templos es el de Ramsés II, quien ordenó la construcción de Abu Simbel, uno de los templos más majestuosos de Egipto. En la fachada del templo se encuentran cuatro colosales estatuas de Ramsés, subrayando su divinidad y su conexión directa con los dioses. Ramsés se presenta no solo como un gobernante terrestre, sino como un dios viviente, inmortalizado en piedra y alineado con el ciclo solar.

El rol del faraón en la construcción de los templos iba más allá de la mera administración de los recursos. Se creía que su poder y autoridad provenían directamente de los dioses, y que, al construir templos, estaba cumpliendo con el mandato divino de proteger a Egipto y mantener el orden en el universo. La dedicación de los templos no solo era una demostración de poder político y militar, sino una afirmación de la inmortalidad del faraón, cuyo nombre y obra estarían eternamente vinculados al dios a quien dedicaba el templo.

CAPÍTULO 8: EL LEGADO ESOTÉRICO DE EGIPTO

8.1 Influencias en la tradición hermética y alquímica

El legado esotérico de Egipto ha dejado una profunda huella en diversas tradiciones místicas y filosóficas, especialmente en el hermetismo y la alquimia. Estas corrientes espirituales, que se desarrollaron en los primeros siglos de la era cristiana, se nutrieron de los saberes antiguos de Egipto, fusionados con las filosofías griega, romana y oriental. En la percepción de los antiguos griegos y romanos, Egipto era la tierra del saber oculto, una fuente de sabiduría ancestral que contenía los secretos del cosmos y de la transformación espiritual.

Una de las figuras más emblemáticas de la tradición hermética es Hermes Trismegisto, un personaje mítico que los griegos se identifican con el dios egipcio Thot, dios de la sabiduría y la escritura, y con el dios griego Hermes. A Hermes Trismegisto se le atribuye el *Corpus Hermeticum,* un conjunto de textos filosóficos y espirituales que exploran temas relacionados con la naturaleza del cosmos, el poder de la mente, la divinidad y la transformación del ser. Estos escritos tuvieron una profunda influencia en el pensamiento místico de la Edad Media y el Renacimiento, y en ellos se encuentran reflejados muchos conceptos que derivan de la cosmología egipcia.

Uno de los principios más conocidos del hermetismo es el de la correspondencia: «Como es arriba, es abajo; como es abajo, es arriba». Este axioma, presente en la famosa *Tabula Smaragdina* o «Tabla Esmeralda», atribuida también a Hermes Trismegisto, expresa la idea de que el microcosmos (el ser humano y la tierra) está intrínsecamente conectado con el macrocosmos (el universo y lo divino). Este concepto encuentra paralelismos claros con la cosmovisión egipcia, en la que el faraón era visto como el intermediario entre los dioses y la humanidad, y donde los templos eran representaciones del universo en miniatura.

El hermetismo también recomendaba un papel fundamental en el desarrollo de la alquimia, la antigua práctica que buscaba la transmutación de los metales, pero cuyo objetivo último era la transformación espiritual. Los alquimistas medievales, inspirados por las enseñanzas herméticas, vieron en Egipto el origen de este conocimiento oculto. Para ellos, la alquimia no solo trataba de convertir el plomo en oro, sino de lograr la «gran obra», es decir, la purificación y perfección del alma humana. La figura de Hermes Trismegisto fue venerada por estos alquimistas como el «tres veces grande», aquel que poseía el secreto de la inmortalidad y de la transmutación.

El simbolismo alquímico y la búsqueda de la piedra filosofal, que otorgaría la inmortalidad y la sabiduría absoluta, estaban profundamente influenciados por los principios herméticos, que a su vez reconocían aspectos clave del pensamiento religioso egipcio. Los egipcios, como los alquimistas, veían en los procesos naturales una correspondencia con los procesos espirituales, donde la transformación de la materia era una metáfora del viaje del alma hacia la perfección.

8.2 Egipto en la cultura esotérica moderna

Con el redescubrimiento de Egipto en el siglo XIX, tras el desciframiento de los jeroglíficos por Jean-François Champollion en 1822, el mundo occidental recuperó un interés renovado por los misterios de esta antigua civilización. Las expediciones arqueológicas que siguieron revelaron una riqueza cultural y religiosa que fascinó a Europa y América, dando lugar a lo que muchos llamaron «egiptomanía». Este redescubrimiento no solo se limitó al ámbito académico; también influyó profundamente en las corrientes esotéricas y ocultistas de la época.

Uno de los movimientos esotéricos más influyentes del siglo XIX fue la Sociedad Teosófica, fundada por Helena Blavatsky en 1875. Blavatsky consideraba a Egipto como uno de los epicentros de la sabiduría oculta universal. En su obra *La doctrina secreta*, Blavatsky sostenía que los antiguos egipcios, junto con otras civilizaciones, eran depositarios de un conocimiento sagrado transmitido por los «Maestros Ascendidos». Para ella, Egipto no era solo una civilización avanzada, sino una clave en la historia espiritual de la humanidad, una civilización que había preservado un saber esotérico destinado a guiar a la humanidad hacia una nueva era de iluminación espiritual.

Esta fascinación por Egipto también fue evidente en otras corrientes esotéricas de la época, como la Orden Hermética de la Golden Dawn y la Sociedad Rosacruz. Ambas organizaciones utilizaban símbolos y rituales inspirados en la religión y la magia egipcias en sus ceremonias de iniciación. Los textos sagrados egipcios, las imágenes de los dioses y el simbolismo de las pirámides fueron reinterpretados como manifestaciones de poder y conocimiento oculto. Aleister Crowley, una de las figuras más destacadas del ocultismo del siglo XX, también se inspiró en Egipto. En 1904, durante su estancia en El Cairo, afirmó haber recibido una revelación de un ser espiritual llamado Aiwass, lo que lo llevó a escribir *El Libro de la Ley*, texto fundamental en su sistema esotérico Thelema. Para Crowley, Egipto representaba el punto de contacto entre lo divino y lo humano, y su viaje personal hacia la iluminación estuvo siempre influenciado por el simbolismo egipcio.

Además, el descubrimiento de la tumba de Tutankamón en 1922 por Howard Carter avivó aún más la fascinación del mundo por Egipto. Los relatos sobre la «maldición de los faraones», alimentados por la misteriosa muerte de algunos miembros del equipo de excavación, contribuyeron a crear un aura de misterio y poder sobrenatural en torno a la civilización egipcia. Este episodio desencadenó una ola de especulación esotérica que asociaba a Egipto con fuerzas ocultas y conocimientos secretos que trascendían el tiempo.

8.3 Mitos y realidades del redescubrimiento del saber antiguo

El redescubrimiento de Egipto en los tiempos modernos ha estado acompañado de numerosos mitos, muchos de los cuales distorsionan la realidad histórica. Entre estos mitos, uno de los más extendidos es la idea de que los egipcios poseían conocimientos tecnológicos y espirituales avanzados que se han perdido o que nunca fueron comprendidos por completo. Estas teorías, aunque a menudo desprovistas de fundamento científico, han capturado la imaginación de muchas personas y han contribuido a la creación de una narrativa que mezcla historia, leyenda y esoterismo.

Uno de los mitos más conocidos es el de la Atlántida egipcia, promovido por escritores como Ignatius Donnelly en el siglo XIX y por ocultistas como Edgar Cayce en el siglo XX. Según esta teoría, la civilización egipcia era heredera de una civilización mucho más antigua y avanzada: la Atlántida, un lugar que supuestamente habría existido millas de años antes y que habría sido destruido por un cataclismo. Los sobrevivientes de la Atlántida, según esta versión, habrían llevado su conocimiento a Egipto, fundando allí la gran civilización que conocemos. Aunque esta teoría carece de pruebas arqueológicas, sigue siendo popular en algunos círculos esotéricos, que ven en los monumentos y saberes egipcios una herencia perdida de tiempos remotos.

Otro mito persistente es el que rodea a las pirámides de Giza. Desde hace siglos, algunos han sostenido que las pirámides no solo eran tumbas para los faraones, sino también dispositivos con finas energías o incluso estructuras diseñadas para la comunicación con seres extraterrestres. Estas teorías, aunque carecen de base científica, han capturado la imaginación popular y han sido objeto de numerosos libros y documentales que exploran las «energías» y «poderes» de las pirámides. La «teoría de la energía piramidal», que sostiene que la forma de las pirámides concentra algún tipo de energía cósmica o electromagnética, sigue siendo defendida por algunos, a pesar de que los estudios arqueológicos no han encontrado pruebas que apoyen estas afirmaciones.

En contraste con estos mitos, el estudio científico y arqueológico de Egipto ha revelado un conocimiento profundo y real sobre la civilización egipcia. A medida que se han descifrado los jeroglíficos y se han excavado nuevos sitios, se ha demostrado que los antiguos egipcios poseían un gran conocimiento en áreas como la astronomía, la medicina, la arquitectura y la ingeniería. Lejos de depender de fuerzas sobrenaturales, su capacidad para construir monumentos asombrosos como las pirámides o para desarrollar sistemas médicos avanzados era el resultado de siglos de observación, experimentación y perfeccionamiento.

CONCLUSIÓN: EL ENIGMA ETERNO DE EGIPTO

La vigencia de los misterios egipcios en la era moderna.

El antiguo Egipto ha ejercido una fascinación constante a lo largo de los siglos, desde la época de los griegos hasta nuestros días. A pesar de los grandes avances en la investigación arqueológica, Egipto sigue siendo una civilización envuelta en misterio, cuyas complejidades aún desafían nuestra comprensión moderna. Este enigma eterno es parte de lo que ha mantenido vivo el interés por la tierra de los faraones, donde la historia, la religión y la ciencia se entrelazaban con la magia, el simbolismo y la búsqueda de la inmortalidad.

En la era moderna, el redescubrimiento de Egipto, gracias a la arqueología y al desciframiento de los jeroglíficos, ha revelado un mundo lleno de sofisticación y complejidad. Sin embargo, aunque gran parte del conocimiento egipcio ha sido rescatado, muchos de sus secretos más profundos permanecen ocultos o son objeto de interpretaciones contradictorias. Las pirámides, los templos, los textos sagrados y las tumbas de los faraones continúan ofreciendo respuestas parciales, pero también plantean nuevas preguntas. En cierto sentido, los egipcios lograron lo que deseaban: inmortalizarse en la eternidad, no solo a través de sus monumentos, sino también en el misterio que rodea a su civilización.

Este legado de misterio tiene una vigencia particular en la era moderna, una época que, a pesar de su enfoque en el progreso tecnológico y científico, sigue buscando respuestas a preguntas fundamentales sobre la vida, la muerte y el cosmos. La civilización egipcia se ha mantenido como un símbolo de lo desconocido, un faro que ilumina los límites de nuestra comprensión humana. Aunque hoy en día contamos con mejores herramientas para estudiar su historia, la imagen de Egipto sigue estando impregnada de un aura mística que trasciende la historia factual. Las pirámides no son solo monumentos arquitectónicos; son símbolos del enigma y del poder de lo desconocido. Cada vez que se excava un nuevo sitio arqueológico o se descubre un artefacto oculto, la sensación de que Egipto tiene aún más por revelar se refuerza.

En el imaginario colectivo moderno, los misterios egipcios siguen siendo una fuente de inspiración. La arquitectura monumental, los símbolos jeroglíficos y los rituales religiosos continúan apareciendo en la cultura popular, ya sea en películas, literatura o movimientos espirituales contemporáneos. Desde las teorías sobre las propiedades energéticas de las pirámides hasta la influencia de la cosmología egipcia en las corrientes esotéricas y filosóficas, el legado de esta civilización sigue teniendo un impacto cultural y espiritual que no se limita solo a los estudiosos de la historia.

La razón detrás de esta vigencia es que Egipto no solo ofrece respuestas, sino también preguntas que nos invitan a reflexionar sobre nuestra propia existencia. En un mundo moderno que se inclina hacia lo tangible y lo científico, Egipto nos recuerda que hay aspectos de la experiencia humana —como la espiritualidad, la vida después de la muerte y los misterios del universo— que siguen siendo insondables. La búsqueda de respuestas por parte de los antiguos egipcios, codificada en sus monumentos y rituales, resuena hoy más que nunca en un tiempo en que las respuestas científicas no siempre satisfacen los anhelos espirituales de la humanidad.

Reflexiones sobre el conocimiento perdido y su impacto en la humanidad

Uno de los temas más recurrentes en las discusiones modernas sobre Egipto es la idea del «conocimiento perdido». A lo largo de los siglos, los antiguos egipcios han sido vistos como depositarios de un saber avanzado y enigmático, capaz de desentrañar los secretos del cosmos, la vida y la muerte. Aunque la arqueología ha demostrado que muchas de estas ideas se han mitificado, persiste la creencia de que Egipto encierra saberes que, de alguna manera, se han perdido o han sido incompletamente comprendidos.

Este concepto de «conocimiento perdido» está profundamente arraigado en las tradiciones esotéricas y filosóficas. Movimientos como el hermetismo, el gnosticismo y la alquimia han sostenido que los antiguos egipcios poseían una sabiduría universal que se transmitía encriptada a través de símbolos, monumentos y textos sagrados. Los antiguos textos funerarios, como el *Libro de los Muertos*, así como los complejos mitos que rodean a figuras divinas como Osiris, Isis y Horus, fueron interpretados por estos movimientos como manifestaciones de verdades espirituales más profundas. La idea de que los antiguos egipcios comprendían no solo la vida física, sino también las dimensiones espirituales y energéticas del universo, sigue siendo una hipótesis recurrente en muchas corrientes esotéricas contemporáneas.

La noción de que la humanidad ha perdido parte de este conocimiento suscita reflexiones sobre el impacto que podría haber tenido en el desarrollo humano. ¿Cómo habría cambiado nuestra historia si ese saber antiguo hubiera perdurado sin interrupciones? Egipto, en su apogeo, fue una civilización que combinaba un alto grado de conocimiento práctico —en áreas como la medicina, la ingeniería, la astronomía y la agricultura— con un profundo entendimiento simbólico y espiritual del mundo. La mezcla de lo pragmático y lo esotérico, de lo científico y lo espiritual, es lo que hace que esta civilización resulte tan fascinante para las generaciones posteriores.

El impacto de este conocimiento perdido, o más bien incompleto, puede rastrearse en las influencias que Egipto ejerció sobre otras civilizaciones antiguas, como la griega y la romana, que adoptaron y adaptaron muchos de sus principios filosóficos y espirituales. En tiempos más recientes, las ideas esotéricas derivadas del simbolismo egipcio influyeron en el Renacimiento europeo y en la formación de la alquimia y el hermetismo. Movimientos como la teosofía o la masonería también se basaron en el simbolismo egipcio para desarrollar sus sistemas de creencias y rituales. Esto sugiere que, aunque mucho de ese conocimiento haya sido malinterpretado o mitificado, su influencia sigue estando presente en diversas formas en nuestra comprensión moderna del universo y de nosotros mismos.

Pero más allá de la influencia en tradiciones esotéricas o filosóficas, el impacto del conocimiento egipcio sobre la humanidad también reside en su capacidad para evocar preguntas esenciales. Egipto plantea interrogantes sobre la inmortalidad, la naturaleza del alma y el lugar del ser humano en el cosmos. En un mundo donde la ciencia moderna ha desacralizado muchos de los misterios que los antiguos consideraban sagrados, el legado de Egipto nos recuerda que hay áreas del conocimiento que trascienden la lógica racional. Los antiguos egipcios, con su profundo respeto por el más allá y su énfasis en el equilibrio cósmico (ma›at), nos instantánea a reflexionar sobre nuestra relación con el universo y con lo que ocurre más allá de la vida terrestre.

El impacto de este conocimiento perdido o encriptado puede haber sido precisamente ese: dejarnos con la sensación de que hay más por descubrir, de que la sabiduría antigua todavía tiene mucho que enseñarnos. La civilización egipcia no solo construyó monumentos para ser recordada, sino para transmitir una forma de pensar y de sentir el mundo, una comprensión holística de la vida y la muerte que aún hoy sigue inspirando.

El enigma eterno de Egipto

A pesar de los grandes avances en el estudio de la historia y la arqueología egipcia, Egipto sigue siendo un enigma. Las pirámides, las esfinges, los templos y las tumbas siguen levantándose imponentes en el paisaje desértico, como testigos de una civilización que, aunque ya no existe, sigue viva en su legado. El enigma de Egipto no reside solo en lo que hemos descubierto, sino también en lo que todavía desconocemos, en lo que sus antiguos habitantes lograron codificar en piedra, jeroglíficos y rituales.

Egipto no es simplemente un capítulo cerrado de la historia antigua, sino un recordatorio constante de que el conocimiento humano tiene límites, y de que algunas civilizaciones, como los antiguos egipcios, lograrán alcanzar un nivel de comprensión del mundo que todavía escapa a nuestra plena interpretación.. El enigma eterno de Egipto es también un reflejo de nuestra propia búsqueda de sentido, de nuestra necesidad de trascender la vida cotidiana para acceder a verdades más profundas y universales.

El Antiguo Egipto, en su complejidad y misterio, seguirá siendo una fuente inagotable de asombro y estudio. Sus monumentos y textos no solo nos hablan del pasado, sino que siguen planteando preguntas que nos invitan a reflexionar sobre el presente y el futuro. Al final, el enigma eterno de Egipto es un reflejo del enigma eterno de la humanidad misma: nuestra búsqueda incesante por comprender los misterios más profundos del universo y de nuestra propia existencia.

El Antiguo Egipto ha dejado un legado que trasciende el tiempo, influyendo en la historia, la filosofía, la ciencia y la espiritualidad humanas. Sus misterios siguen vigentes en la era moderna, planteando preguntas fundamentales sobre el conocimiento perdido y sobre las posibilidades de lo que los humanos podemos llegar a comprender. Egipto, con sus monumentos que desafían la eternidad y sus textos que aún no han revelado todos sus secretos, es un testimonio del deseo humano de conectar lo mundano con lo divino, lo físico con lo espiritual. Aunque gran parte de su saber puede haber quedado oculta bajo las arenas del tiempo, su impacto en la humanidad es innegable, y su enigma sigue siendo una invitación a seguir buscando respuestas en los misterios del pasado y del cosmos.

BIBLIOGRAFÍA

Allen, James P. (2005). *Los textos de las pirámides del Antiguo Egipto.* Sociedad de Literatura Bíblica, Atlanta.

Assmann, Jan. (2005). *Muerte y salvación en el antiguo Egipto.* Cornell University Press, Ithaca.

Bauval, Robert, y Gilbert, Adrian. (1994). *El misterio de Orión: Descifrando los secretos de las pirámides.* Crown Publishing Group, Nueva York.

Blavatsky, Helena P. (1888). *La doctrina secreta.* Editorial Kier, Buenos Aires.

Champollion, Jean-François. (1824). *Précis du système hiéroglyphique des anciens Égyptiens.* Firmin Didot, París.

Crowley, Aleister. (1904). *El libro de la ley.* Ordo Templi Orientis, Londres.

David, Rosalie. (1987). *El libro egipcio de los muertos: El libro de la marcha de día.* Chronicle Books, San Francisco.

Dunn, Christopher. (1998). *La central eléctrica de Giza: tecnologías del antiguo Egipto.* Inner Traditions, Rochester.

Gardiner, Sir Alan. (1957). *Gramática egipcia: Introducción al estudio de los jeroglíficos.* Oxford University Press, Oxford.

Heródoto. (440 aC). *Historias.* Editorial Gredos, Madrid.

Hornung, Erik. (2001). *El saber secreto de Egipto: su impacto en Occidente.* Cornell University Press, Ithaca.

Lehner, Mark. (1997). *Las pirámides completas: Resolviendo los misterios antiguos.* Thames & Hudson, Londres.

Mendelssohn, Kurt. (1971). *El enigma de las pirámides.* Thames & Hudson, Londres.

Ruggles, Clive. (2005). *Astronomía del Antiguo Egipto.* Cambridge University Press, Cambridge.

Schwaller de Lubicz, René A. (1949). *El templo del hombre: arquitectura sagrada y el hombre perfecto.* Inner Traditions, Rochester.

Silverman, David P. (Ed.). (1997). *Antiguo Egipto.* Oxford University Press, Oxford.

Zahi Hawass. (2005). *La edad de oro de los constructores de pirámides.* American University in Cairo Press, El Cairo.

APÉNDICES

Glosario de términos egipcios y esotéricos

AJET: Primera estación del calendario egipcio, correspondiente a la inundación anual del Nilo, que marcaba el inicio de la fertilización de los campos.

AMÓN-RA: Deidad suprema del panteón egipcio, que resulta de la fusión de Amón, dios de Tebas, y Ra, dios del Sol, simbolizando el poder creador y la realeza divina.

ANKH: Símbolo egipcio de la vida eterna, representado como una cruz con un lazo en la parte superior. Se asocia comúnmente con los dioses, quienes lo portaban como signo de inmortalidad.

BA: Uno de los componentes del alma en la religión egipcia. Representaba la personalidad y la movilidad del difunto en el más allá, permitiendo al *Ba* visitar tanto el mundo de los vivos como el de los muertos.

HEKA: Concepto egipcio de magia, entendido como una fuerza primordial que los dioses y los seres humanos podían usar para mantener el equilibrio cósmico y realizar actos sobrenaturales.

HERMETISMO: Tradición filosófica y esotérica basada en los escritos atribuidos a Hermes Trismegisto, una figura que combina características del dios egipcio Thot y el dios griego Hermes. El hermetismo aboga por la búsqueda de la sabiduría oculta.

KA: Aspecto espiritual del ser humano en la religión egipcia. El *Ka* es la energía vital que habita en una persona durante su vida y que necesita ser alimentada en el más allá para asegurar la inmortalidad.

MA›AT: Concepto clave en la religión egipcia que simboliza el orden, la justicia y la verdad. La diosa Ma›at mantenía el equilibrio cósmico, y era esencial en el juicio del alma después de la muerte.

OSIRIS: Dios de la resurrección y gobernante del inframundo. Asociado con la muerte, el renacimiento y la fertilidad, Osiris jugaba un papel central en los rituales funerarios y en las creencias sobre la vida eterna.

PERET: Segunda estación del calendario egipcio, que marca el período de siembra y crecimiento de los cultivos, cuando las aguas del Nilo comenzaban a retirarse.

PTAH: Dios creador y patrón de los artesanos en Menfis. Según las creencias egipcias,

Ptah daba forma a las ideas y las convertía en realidad, tanto en el mundo material como en el divino.

Ra: Dios del Sol y creador del universo, venerado en todo Egipto. Se le considera responsable de la vida y el orden cósmico. Cada día, Ra navegaba por el cielo en su barca solar.

Shemu: Tercera y última estación del calendario egipcio, asociada con la cosecha, cuando se recolectaban los frutos de la fertilidad producida por la inundación del Nilo.

Sirio: Estrella identificada con la diosa Isis. El surgimiento helíaco de Sirio en el horizonte oriental marcaba el inicio del año nuevo egipcio y el comienzo de la inundación del Nilo.

Udjat: Conocido como el «Ojo de Horus», es un símbolo de protección, curación y poder. Se utilizaba ampliamente como amuleto para proporcionar seguridad tanto en la vida como en la muerte.

Cronología del Antiguo Egipto

Período Predinástico (c. 5000 - 3100 aC)

• Desarrollo de la cultura egipcia temprana, con avances en la agricultura y las primeras estructuras de aldeas a lo largo del valle del Nilo. Durante este período se sentaron las bases para la unificación del Alto y Bajo Egipto.

Período Arcaico (c. 3100 - 2686 aC)

• Unificación de Egipto bajo el rey Narmer (Menes), quien se considera el primer faraón de una nación unificada. Se fundó la ciudad de Menfis como capital del reino.

Antiguo Reino (c. 2686 - 2181 aC)

• Edad dorada de la construcción de pirámides, especialmente durante la IV dinastía. Las pirámides de Giza, construidas por los faraones Keops, Kefrén y Micerinos, son los monumentos más emblemáticos de esta época.

Primer Período Intermedio (c. 2181 - 2055 aC)

• Época de fragmentación política y desorden, con varios gobernantes regionales que disputan el poder. La falta de un gobierno central llevó a la decadencia económica y social.

IMPERIO MEDIO (C. 2055 - 1650 AC)

- Restablecimiento de la estabilidad política y el renacimiento cultural bajo la dinastía XI, con la capital en Tebas. Se desarrollaron grandes proyectos de irrigación y fortificaciones fronterizas.

SEGUNDO PERÍODO INTERMEDIO (C. 1650 - 1550 AC)

- Invasión y dominio de los hicsos en el Bajo Egipto. Durante esta etapa, Egipto se fragmentó nuevamente, y los hicsos introdujeron nuevas tecnologías, como el uso de carros de guerra.

IMPERIO NUEVO (C. 1550 - 1069 AC)

- Período de expansión territorial y apogeo cultural. Faraones como Hatshepsut, Tutmosis III, Akenatón y Ramsés II consolidaron el poder egipcio y llevaron a cabo grandes proyectos arquitectónicos como los templos de Karnak y Luxor.

TERCER PERÍODO INTERMEDIO (C. 1069 - 664 AC)

- Caída del poder central y aparición de gobernantes locales. Nubia y Libia ejercieron influencia sobre Egipto, y el país estuvo dividido en facciones regionales durante gran parte de este período.

Período Tardío (c. 664 - 332 aC)

- Restauración del control egipcio bajo la dinastía XXVI, conocida como la dinastía saíta. Egipto volvió a tener un gobierno fuerte, pero finalmente fue conquistado por Persia en 525 aC.

Conquista Macedónica y Período Ptolemaico (c. 332 - 30 aC)

- Alejandro Magno conquistó Egipto en 332 aC, fundando la dinastía ptolemaica. Durante este período, la cultura griega y egipcia se fusionaron, y se construyeron importantes monumentos como el Faro de Alejandría. Cleopatra VII fue la última gobernante antes de la anexión romana.

Período Romano (30 aC - 395 dC)

- Tras la derrota de Cleopatra y Marco Antonio, Egipto se convirtió en una provincia del Imperio Romano. La influencia romana transformó la administración y la cultura egipcia, marcando el fin de la era faraónica.

Planos de templos y pirámides

PIRÁMIDES DE GIZA (PIRÁMIDES DE KEOPS, KEFRÉN Y MICERINOS)

- **PIRÁMIDE DE KEOPS (GRAN PIRÁMIDE):** Contiene tres cámaras principales: la Cámara del Rey, la Cámara de la Reina y una cámara subterránea. Destaca la Gran Galería, que conecta las cámaras principales. El diseño incluye canales de ventilación, y el complejo funerario está rodeado por otras pirámides subsidiarias.

- **PIRÁMIDE DE KEFRÉN:** Similar en estructura a la Gran Pirámide, aunque de menor tamaño. Al pie de esta pirámide se encuentra la Gran Esfinge, que representa al faraón Kefrén como un león con rostro humano.

- **PIRÁMIDE DE MICERINOS:** La más pequeña de las tres grandes pirámides, con menos complejidad en su diseño interior, pero también acompañada de pirámides subsidiarias para las reinas.

TEMPLO DE KARNAK

- El templo más grande de Egipto, dedicado a Amón-Ra. Su plano muestra un eje procesional central, flanqueado por pilonos monumentales y grandes patios abiertos. El templo incluye el Gran Salón Hipóstilo, con 134 columnas gigantescas y el lago sagrado, utilizado para rituales religiosos.

TEMPLO DE LUXOR

- Situado a orillas del Nilo y alineado con el Templo de Karnak, el Templo de Luxor es conocido por su avenida de esfinges que conecta ambos templos. Su plano muestra dos patios, un pilono monumental y un santuario dedicado a Amón, Mut y Jonsu, miembros de la tríada tebana.

TEMPLO DE ABU SIMBEL

- Construido por Ramsés II en Nubia, consta de dos templos tallados en roca. El templo mayor está alineado de tal forma que los rayos del sol iluminan las estatuas de Ramsés y los dioses dos veces al año. El plano incluye cuatro colosales estatuas de Ramsés en la fachada y salas hipóstilas en su interior.

GRACIAS POR COMPRAR
ESTE LIBRO.
DESCUBRE MÁS EN
NUESTRA WEB: